15 Novembre 1886.

VENTE DU LUNDI 15 NOVEMBRE 1886

HOTEL DROUOT, SALLE N° 3

OBJETS D'ART

ET DE

CURIOSITÉ

Faïences italiennes — Faïences françaises
Porcelaines de Sèvres, de la Chine et du Japon
Objets de vitrine — Dentelles
Bronzes et Meubles du XVIIIe siècle

TAPISSERIES ANCIENNES

TABLEAUX

EXPOSITION PUBLIQUE

Le Dimanche 14 Novembre 1886

COMMISSAIRE-PRISEUR

Mᶜ M. DELESTRE

27, rue Drouot, 27

EXPERT

M. B. LASQUIN

12, rue Laffitte, 12

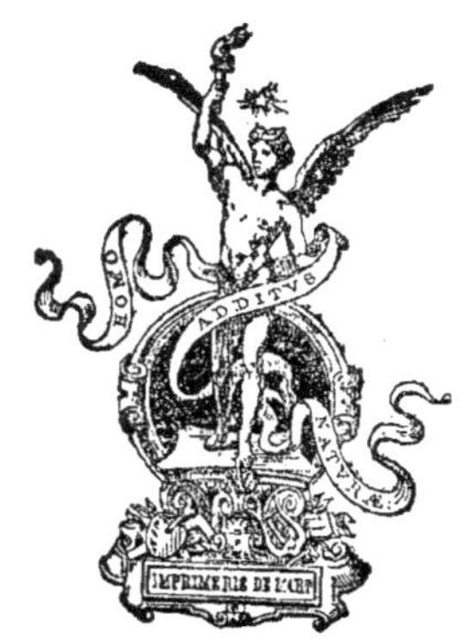

HOMO ADDITVS NATVRÆ
IMPRIMERIE DE L'ART

CATALOGUE

DES

OBJETS D'ART

ET CURIOSITÉS

Faïences italiennes — Faïences françaises et autres
Porcelaines de Sèvres, de la Chine et du Japon
Objets de vitrine — Bijoux — Miniatures — Éventails — Dentelles

BRONZES D'AMEUBLEMENT

Pendules — Candélabres — Cartels Louis XV et Louis XVI

MEUBLES DU XVIIIᵉ SIÈCLE

Objets variés — Tapisseries anciennes

TABLEAUX

DONT LA VENTE AURA LIEU

HOTEL DROUOT, SALLE Nᵒ 3

Le Lundi 15 Novembre 1886

A DEUX HEURES

Mᵉ Maurice DELESTRE	**M. B. LASQUIN**
COMMISSAIRE-PRISEUR	EXPERT
27, rue Drouot, 27	12, rue Laffitte, 12

Chez lesquels se trouve le présent catalogue.

EXPOSITION PUBLIQUE : Le Dimanche 14 Novembre 1886

DE UNE HEURE A CINQ HEURES

CONDITIONS DE LA VENTE

Elle sera faite au comptant.

Les acquéreurs payeront en sus des enchères *cinq pour cent*, applicables aux frais.

L'exposition mettant le public à même de se rendre compte de l'état des objets, il ne sera admis aucune réclamation une fois l'adjudication prononcée.

Paris. — Imp. de l'Art. E. MÉNARD et J. AUGRY
41, rue de la Victoire, 41

DÉSIGNATION DES OBJETS

FAIENCES ITALIENNES

1 — Deux jolis vases de forme ovoïde, en ancienne faïence de Castel-Durante, décorés chacun d'un médaillon à figure d'apôtre, au milieu de compartiments de fleurs-arabesques et d'enroulements sur fonds de nuances variées, gros bleu, vert et jaune d'ocre.

2 — Deux cornets montés en lampes, en ancienne faïence de Castel-Durante, décorés de bustes dans des médaillons et de rosaces.

3 — Deux plaques rectangulaires en ancienne faïence de Castelli, représentant des paysages maritimes animés de figures.

4 — Plaque en ancienne faïence de Castelli, représentant un château dans un paysage avec colonnade en ruine et un grand arbre au premier plan.

5 — Plaque rectangulaire de la même fabrique : Suzanne surprise par les vieillards.

6 — Plaque rectangulaire encadrée, de la même fabrique : Hercule au jardin des Hespérides.

7 — Deux vases de pharmacie à anse et goulot, en faïence italienne, fond bleu clair.

8 — Deux plats à bord festonné et godronné, en faïence de Savone à décor bleu avec sujet au centre.

FAIENCES FRANÇAISES

9 — Plat à bordure contournée, en ancienne faïence de Rouen à décor polychrome dit à la corne d'abondance.

10 — Plat en ancienne faïence de Rouen, décor polychrome à fleurs et insectes.

11 — Plateau ovale en ancienne faïence de Moustiers à décor bleu dans le style de Bérain.

12 — Trois plats en ancienne faïence française à décor de fleurs.

13 — Grande fontaine formée d'une figure de Bacchus en faïence de Rouen. Socle en bois noir.

FAIENCES DIVERSES

14 — Trois plats en ancienne faïence de Rhodes, décorés d'œillets et de fleurs-arabesques.
Ce lot sera divisé.

15 — Vasque de forme contournée en faïence d'Alcora, décorée de pavillons et de fleurs.

16 — Plat hispano-moresque d'Inca, à reflets métalliques.

17 — Autre plat analogue au précédent.

18 — Deux plats en ancienne faïence de Delft à décor polychrome.

19 — Deux autres plats en faïence de Delft à décor bleu.

20 — Grand plateau rond en faïence moderne de Sèvres, décoré de motifs d'ornements Renaissance en grisaille sur fond gros bleu.

21 — Deux fromagères à bordure festonnée et ajourée à rosaces et guirlandes relevées de dorure, offrant au centre un blason aux armes royales et au revers la marque de Chantilly.

22 — Cafetière en terre noire, avec garniture en argent.

23 — Salière carrée en terre d'Avignon.

24 — Porte-burettes.

25 — Statuette de sainte Marguerite.

26 — Assiette en ancienne faïence de Marseille décorée de bouquets de fleurs.

PORCELAINES DE SÈVRES ET AUTRES

27 — Douze assiettes en ancienne porcelaine de Sèvres, pâte tendre, à bordure simulant la vannerie, décorées de bouquets de roses et de filets bleus.

28 — Nécessaire de toilette du temps de Louis XVI, renfermé dans un écrin en cuir. Il est composé d'un pot à eau et de deux boîtes à savon en porcelaine de Sèvres, pâte tendre, à décor de fleurettes, de deux flacons et de deux gobelets en ancien verre de Bohême.

29 — Deux sucriers sur plateaux en vieux Sèvres, pâte tendre, décorée de fleurs.

30 — Beurrier sur plateau, de même porcelaine.

31 — Deux grandes plaques rectangulaires en porcelaine de Guerhard et Dihl, décorées de sujets simulant des bas-reliefs en bronze peints par *Sauvage*, et représentant une offrande à Minerve et des jeux d'enfants.

32 — Pot à poudre à couvercle, en ancienne porcelaine de Saint-Cloud, pâte tendre, à décor bleu.

33 — Sucrier en ancienne porcelaine, pâte tendre, de Saint-Cloud, à fleurettes en relief, monté en argent.

34 — Soucoupe lobée, en ancienne porcelaine de Chantilly.

35 — Petit beurrier ovale en vieux Saxe, décoré de fleurs.

36 — Deux bustes en biscuit : Voltaire et Molière.

37 — Tasse à couvercle et sa soucoupe en Saxe moderne.

PORCELAINES DE CHINE ET DU JAPON

38 — Bouteille en ancien blanc de Chine, à dragon en relief.

39 — Grand vase cylindrique, décoré en bleu cobalt d'un Fong-Hoang et d'un Kin-Lin.

40 — Vase carré à couvercle, décoré de scènes à personnages en bleu cobalt.

41 — Grande théière à anse de panier, à décor bleu de rinceaux et de fleurs.

42 — Deux bouteilles de Kalian en forme de grenouille, décor bleu.

43 — Vase à col droit muni d'anses, fond bleu de Perse.

44 — Paire de vases, fond bleu de Perse à ornements
d'or.

45 — Grand plat creux en vieux Japon, décoré d'un
paysage au centre.

46 — Bol en vieux Chine et trois soucoupes.

47 — Petit vase réticulé à jour, décoré en rouge de
fer.

48 — Bol couvert en vieux Japon. décor bleu, rouge
et or.

49 — Vase formé d'une carpe dressée sur un rocher.

50 — Bouteille à panse sphérique, décorée d'un sujet
européen en couleurs.

51 — Deux cornets en porcelaine de Chine moderne

52 — Trois assiettes en vieux Japon à décor bleu.

53 — Compotier en vieux Chine, décor émaillé et
doré à fleurs et arbustes.

54 — Grand plat creux en vieux Japon, à décor bleu,
rouge et or. Au centre, un arbre près d'un
rocher.

55 — Plat en porcelaine du Japon, laquée.

56 — Trois pièces : deux compotiers en vieux Japon,
l'un rond, l'autre octogone, et une assiette en
vieux Chine.

57 — Potiche en imitation de porcelaine du Japon, à décor bleu, rouge et or.

58 — Deux pièces : plat creux en porcelaine de Saxe, décoré de fleurs, et plateau contourné en porcelaine allemande.

59 — Deux petites potiches en vieux Japon.

60 — Deux grands vases, modèle rouleau, en porcelaine de Chine émaillée en couleurs, à sujets familiers.

61 — Grande torchère en ancienne porcelaine du Japon laquée, composée d'une potiche surmontée d'un cornet, avec monture en bronze et socle en bois noir.

OBJETS DE VITRINE — BIJOUX

62 — Sous ce numéro, quelques bijoux anciens : broches en ivoire, bijoux en stras, parures, boucles d'oreilles, décorations, hochets, montés en or. (Sera divisé.)

63 — Quatre pièces en argent : petit lingot, agrafe en filigrane, divinité indoue et fermoir de livre.

64 — Sous ce numéro : boîtes en ivoire et écaille, étuis en nacre, pions en ivoire sculpté, etc.

65 — Deux salières Louis XVI en argent.

66 — Petit netzké japonais en ivoire sculpté, composé de cinq personnages.

67 — Gobelet en argent repoussé et gravé du XVIIe siècle.

68 — Boutons de manchettes en onyx, montés en or et garniture de boutons de chemise en platine.

69 — Médaillon en or garni de roses.

70 — Demi-parure en or garnie de perles, avec miniature en grisaille. Style Louis XVI.

71 — Deux paires de boucles d'oreilles de même style.

72 — Deux épingles et deux paires de boucles en stras et argent.

73 — Montre à remontoir en or.

74 — Montre de dame à double cuvette en or.

75 — Bague en or ornée de roses.

76 — Bague en or avec miniature Louis XVI.

77 — Bague indienne en or.

78 — Étui Louis XVI, galonné d'or, et étui en nacre.

79 — Quatre pièces : étuis et nécessaires Louis XV et Louis XVI, en nacre et écaille.

80 — Étui-nécessaire Louis XV, en galuchat avec
garniture argent et plaquettes de jaspe sanguin.

81 — Trois pièces : étui-nécessaire et deux carnets
en écaille et ivoire.

82 — Couteau Louis XVI à manche écaille, garni
or, et un autre couteau Louis XVI en nacre et
argent.

83 — Cadre de médaillon Louis XIII en argent ciselé
et doré.

84 — Deux miniatures : Portraits de deux enfants,
avec bordure en argent doré, et portrait d'un
militaire.

85 — Joli émail du temps de Louis XVI, représentant Vénus et Vulcain.

86 — Émail en grisaille : allégorie de la peinture.

87 — Boîte ronde Louis XVI, en vernis Martin,
décorée d'un semis de fleurettes.

88 — Éventail Louis XV, à monture de nacre et
feuille peinte à la gouache, représentant un repas
champêtre.

89 — Éventail Louis XV, à monture d'ivoire et
feuille peinte à la gouache : allégorie de l'Au-
tomne.

BRONZES

90 — Pendule du temps de Louis XVI, en forme de vase ; le cadran est entouré d'une guirlande de roses en bronze ciselé et doré.

91 — Deux grands candélabres à dix lumières, composés de figures d'enfants sur des socles en marbre blanc et supportant un bouquet.

92 — Petite pendule Louis XVI, en bronze doré, formée d'un fût de colonne avec tore de laurier. Le cadran porte le nom de *Gavelle L^{né} London*.

93 — Cartel Louis XVI, en bronze doré, orné d'une peau de lion.

94 — Pendule en bronze doré au mat, composée de deux figures allégoriques ; le mouvement est surmonté d'une sphère émaillée.

95 — Deux petits flambeaux du temps de Louis XV, en bronze doré.

96 — Grande pendule par Thomire, surmontée de deux figures en bronze à patine brune ; le socle orné d'un bas-relief en bronze ciselé et doré.

97 — Deux petits vases de forme Médicis, en bronze doré, sur socles en marbre de Sienne.

98 — Garniture de cheminée en marbre blanc et bronze doré, composée d'une pendule et de deux candélabres à huit lumières. La pendule est surmontée d'un groupe de Vénus et l'Amour et les candélabres sont supportés par des amours en bronze à patine brune.

99 — Grande coupe ronde en bronze ciselé et doré, supportée par un groupe d'enfants en bronze à patine brune.

100 — Lustre à 24 lumières, genre Louis XVI, en bronze.

101 — Deux grandes lampes en bronze et porcelaine gros bleu.

102 — Presse-papier Louis XVI, formé d'un loup sur une terrasse.

103 — Brûle-parfums en ancien bronze de la Chine, composé d'un poussah sur un crapaud.

104 — Chien de Fô en ancien bronze de la Chine.

105 — Deux statuettes en bronze à patine brune : Nymphe et faune.

106 — Clef Louis XV, avec panneton en bronze ciselé et doré.

DIVERS

107 — Beau cadre du temps de Louis XIV, en bois sculpté et doré, contenant une gouache sur vélin, représentant une bataille antique.

108 — Croix en cristal de roche sur socle incrusté de nacre gravée. Époque Louis XIII.

109 — Statuette de Diane chasseresse, en marbre blanc antique (avec restaurations modernes).

110 — Petit buste d'empereur romain, en matière dure. xviiie siècle.

111 — Deux médaillons : bustes d'empereurs romains, en marbre blanc.

112 — Lion passant ; bas-relief de Barye, en plâtre.

113 — Deux pièces en étain : écuelle Louis XIV et plateau armorié.

114 — Gouache de l'école française du xviiie siècle.

115 — Petit mortier fleurdelisé et bénitier en bronze. xviie siècle.

116 — Marteau de porte du xvie siècle, en fer.

117 — Fût carré en marbre.

118 — Six réchauds ronds et quatre cloches en plaqué.

MEUBLES

119 — Régulateur de style Louis XIV en marqueterie de cuivre et orné de bronze.

120 — Grand bureau formant cabinet du temps de Louis XIV, en marqueterie, à fleurs, oiseaux et personnages. Il est supporté par deux lions en bois sculpté.

121 — Belle commode en marqueterie de bois à rinceaux et figures. Dessin de marbre brèche violette. Époque Louis XVI.

122 — Grande commode Louis XV en bois des îles, garnie de bronzes de l'époque. Dessus de marbre.

123 — Petit meuble forme rognon, en marqueterie à bouquets de fleurs et garni de bronzes.

124 — Petite table rectangulaire du temps de Louis XVI, en bois d'acajou ; les pieds sont cannelés et le dessus est entouré d'une galerie de bronze doré.

125 — Secrétaire Louis XVI en marqueterie de bois de rose ; le bas ferme à coulisse.

126 — Petite commode Louis XVI en placage de bois debout, sans marbre.

127 — Petit meuble en acajou du temps de Louis XVI, de forme ovale; il est garni de trois tiroirs sur la face et d'une porte sur chaque côté.

128 — Grande commode Louis XV en bois de placage.

129 — Petit cabinet tonkinois en bois de poirier avec nombreux panneaux incrustés de burgau.

130 — Petite commode Louis XV, de forme contournée, à trois tiroirs et garnie de bronzes.

131 — Petite table rectangulaire en bois de rose du temps de Louis XVI, le dessus garni de cuir.

132 — Meuble formant bureau du temps de Louis XIV, en bois de palissandre; le dessus s'ouvre à abattant et l'intérieur est garni de casiers.

TAPISSERIES

133 à 142 — Dix tapisseries anciennes de diverses fabriques à sujets de verdure, jeux d'enfants et oiseaux d'après Oudry.

143 — Quatre grands rideaux et deux lambrequins en velours grenat avec applications de tapisserie ancienne à fleurs, oiseaux et figures d'enfants.

144 — Tapisserie ancienne : sujet de chasse.

145 — Six garnitures de chaises en tapisserie de soie à fleurs au petit point.

DENTELLES

146 — Parure de trois pièces en point à l'aiguille.

147 — Une barbe et une voilette en Chantilly.

148 — Une coupe en point d'Alençon mesurant 4 m. 50 cent. en plusieurs morceaux.

149 — Coupe d'un mètre en point d'Alençon.

150 — Deux coupes en imitation de point d'Alençon et de Malines.

TABLEAUX

151 — BÉNARD (Eug.). Ports de mer. Deux pendants de forme ovale.

152 — DAUBIGNY (Karl). Bords de l'Oise.

153 — FONTENAY (A. de). Paysage de Normandie.

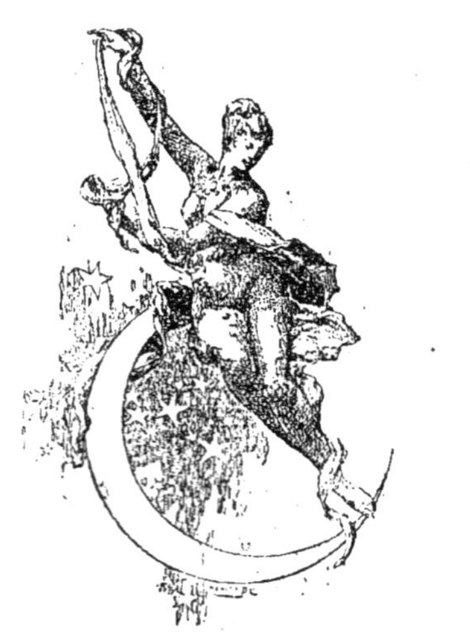